AF244409

DES

COLONIES FRANÇAISES

ET

EN PARTICULIER

DE

L'ILE DE SAINT-DOMINGUE.

DES
COLONIES FRANÇAISES

ET

EN PARTICULIER

DE

L'ILE DE SAINT-DOMINGUE.

Par CHARLES ESMANGART,
ANCIEN OFFICIER DE MARINE.

A PARIS,

CHEZ H. AGASSE, IMPRIMEUR-LIBRAIRE,
RUE DES POITEVINS, n°. 18.

AN X.

TABLE DES MATIÈRES

TRAITÉES DANS CET ÉCRIT.

*C*AUSES et avantages des colonies chez les anciens et chez les modernes.................... Page 6

Du commerce exclusif....................... 9

De l'extension qu'il faudrait accorder à l'industrie des colonies........................ 12

De quelques prohibitions.................. 15

Du commerce des colonies avec les États - Unis d'Amérique........................... 17

De l'île de Saint-Domingue................ 20

Des nègres esclaves....................... 21

Le traitement des esclaves fut plus doux dans les colonies françaises que dans les autres.... 23

La propagation des nègres esclaves était insuffisante pour son renouvellement.............. 26

De l'émancipation des nègres.............. 27

Nécessité d'un gouvernement très-fort pour administrer les colonies........................ 30

La liberté des nègres n'est point un obstacle à la prospérité des colonies.................. 33

De la diminution présumée dans leur population. 35

Du rétablissement des anciens propriétaires... 38

A

Du salaire à accorder aux nègres, et de sa répartition 40

Tableau pris de deux habitations 43

Conséquence du rapprochement de l'ancien système de culture et du nouveau 44

De la partie de Saint-Domingue qui a été cédée à la France par les Espagnols 47

Des hattes et de leurs avantages 49

Des moyens d'encourager la culture 52

De la traite et des modifications qui la rendraient bienfaisante 54

De la baye de Samana et de son utilité pour la marine 60

Du nouvel emploi de nos forces maritimes 65

Des impositions établies autrefois à Saint-Domingue 69

Conclusion 71

FIN DE LA TABLE.

DES

COLONIES FRANÇAISES

ET

EN PARTICULIER

DE

L'ILE DE SAINT-DOMINGUE.

LES excès de la révolution, les ravages d'une guerre longue et désastreuse ont fait à nos colonies des maux qui sans doute y laisseront long-tems des plaies profondes, mais qu'il est facile de sonder, et que j'ose croire possible de guérir. Pour obtenir ce résultat, ce n'est pas à l'esprit de système qu'il faut se livrer : de brillantes rêveries, des créations romanesques n'offriront jamais au gouvernement des moyens exécutables, et des établissemens nouveaux, soit dans les îles d'Afrique, soit aux terres australes, ne l'aideront pas à réparer son commerce ni à rétablir la marine. Le remède est en sa puissance : il ne faut que de la sagesse pour l'administrer, et de la persévérance à s'en servir. Nos possessions coloniales ont beaucoup souffert, quelques-unes ont été enlevées par nos ennemis, mais les plus intéressantes existent encore; elles n'attendent, pour sortir de leurs ruines, que la main tutélaire de ce gouvernement qui ne manifeste son action que par des bienfaits ou des intentions généreuses. Qu'il seconde l'activité naturelle aux Français, et bientôt on verra leur industrie prendre un essor d'autant plus rapide, qu'elle aura été plus comprimée. Encouragé par l'indulgence que quelques bons esprits ont accordée à mes idées sur la marine, j'essaierai d'en offrir quelques-unes aussi sur les colonies; je les puiserai, comme les premières, en partie dans ma propre expérience; je serai court, parce que je n'ai que l'ambition d'être utile, et qu'une simple indication sur ces matières vaut mieux quelquefois que de longs développemens, surtout lorsqu'on la présente à une administration vraiment éclairée. Parmi les écrivains qui ont traité ce sujet, il en est beaucoup qui se sont abandonnés à d'éloquentes déclamations; mais si les colonies de la France étaient parvenues au plus haut point de prospérité; si le régime qui les gouvernait était cité comme un modèle par les publicistes les plus habiles, au nombre desquels je me contenterai de nommer Adam Smith; si la seule colonie de Saint-Domingue était plus florissante que toutes les îles anglaises , et versait annuellement 150 millions dans le commerce de la métropole : il faudra pourtant alors en croire les faits plutôt que l'exagération , et chercher la raison de cette supériorité dans l'amélioration et la culture graduelle de ces colonies, et même dans cette administration intérieure, enviée par nos rivaux. Or cet accroissement de richesses , cette amélioration de culture n'ont pu être que le fruit du tems et la récompense d'une suite de soins et de sacrifices. Comment pourrait-on les espérer de tentatives nouvelles , lointaines , exposées à toutes les chances réunies des élémens et des hommes ? Où trouver des spéculateurs assez hardis pour compromettre, ou leur existence , ou leur fortune , dans des voyages de dix-huit mois et dans des établissemens contrariés par tant d'obstacles ? L'inquiétude , la curiosité, l'amour des sciences peuvent faire entreprendre à quelques particuliers de ces grandes navigations, mais un gouvernement sensé n'en attendra pas aujourd'hui des moyens de prospérité ; il n'excitera point les émigrations de ses habitans vers un but aussi peu probable ; il ne songera surtout jamais à fonder des colonies nouvelles avec des nationaux, parce qu'il se dépeuplerait sans dédommagement ; enfin, il ne renoncera point, pour des avantages toujours précaires, en les supposant possibles, aux jouissances réelles, solides, même faciles que lui garantit la restauration de ses possessions coloniales.

Causes et avantages des Colonies chez les anciens et chez les modernes.

L'établissement des colonies chez les peuples anciens et modernes a eu pour motif, ou la nécessité de se décharger du poids d'une population trop nombreuse, ou le desir de procurer à cette population de nouveaux moyens d'existence, en ouvrant un champ plus vaste aux produits de son industrie. Sans ces sortes d'établissemens, les peuples de l'ancienne Grèce n'auraient trouvé dans le trop grand nombre de leurs habitans qu'une cause de faiblesse ; car la prospérité d'un État dérive principalement des moyens qu'ont les hommes de subsister et de se livrer à des travaux utiles. Une population trop considérable, par cela même qu'elle est trop gênée, devient un des plus grands fléaux, et l'on peut dire avec vérité, que c'est sur la somme des jouissances que les hommes de toutes les classes peuvent se procurer, plutôt que sur le nombre des habitans, que l'on doit prendre une idée de la puissance. Il leur faut une industrie presque surnaturelle pour vivre dans un pays où une longue suite de siècles a porté la population au plus haut point possible, lorsque les moyens de travail et l'accroissement des richesses n'ont pas suivi les progrès de cette population. Réduite alors aux seules ressources du territoire, la classe la plus nombreuse de la société éprouve un sort misérable. La Chine nous en offre un exemple. L'industrie de ses habitans surpasse celle des autres peuples; tous les arts y fleurissent, l'agriculture y est plus perfectionnée qu'en aucun autre pays du Monde; cependant le travail le plus assidu de l'homme y suffit à peine à son existence : on n'y regarde la naissance d'un enfant que comme une surcharge à la misère publique, et cette affreuse idée en fait étouffer et noyer un grand nombre. Si l'activité des Chinois avait pu se porter au dehors, si le débouché de leurs productions n'avait pas été restreint au marché de l'intérieur et à un seul port ouvert au commerce des Européens, si la Chine avait eu des colonies, loin d'être écrasée par l'excès de sa population, elle y aurait trouvé de nouveaux moyens de prospérité.

Il est donc nécessaire que l'accroissement des richesses corresponde à celui de la population, et sous ce rapport les colonies modernes procurent des avantages plus grands que celles des anciens peuples. Ces dernières n'offraient à leur mère-patrie que quelques secours dans les guerres qu'elles avaient à soutenir : plusieurs ne leur demeuraient unies que par de simples alliances ; c'étaient des États indépendans qui se gouvernaient par leurs propres lois. Les colonies des Européens ont été formées en grande partie d'une population étrangère ; elles sont soumises à la domination de leurs métropoles ; elles leur procurent les avantages qui résultent nécessairement d'un agrandissement de territoire. Augmentant sans cesse le besoin du travail, elles sont favorables à l'accroissement des richesses et à celui de la population ; l'amélioration des cultures fournit plus de moyens de dépenser ; de nouvelles jouissances apportant plus de commodités, offrent aux arts des développemens nouveaux. L'activité que reçoit la navigation contribue aux progrès des connaissances humaines ; elle forme au métier de la mer les hommes les plus utiles dans les guerres maritimes ; et comme ce sont ces sortes de guerres qui intéressent le plus directement les colonies, on a eu tort de dire que les colonies étaient en tems de guerre plus nuisibles qu'utiles. Enfin la vente des riches productions de ces contrées rend par l'augmentation du numéraire, les peuples arbitres de la guerre et de la paix ; et c'est encore ainsi que la possession des colonies modernes assure dans le monde politique une grande supériorité d'influence.

Du Commerce exclusif.

Ces avantages sont dus principalement au commerce exclusif que chaque puissance s'est réservé le droit de faire avec ses colonies , en les forçant de ne recevoir que d'elle les marchandises dont elles ont besoin ; elle s'ouvre un débouché favorable aux productions surabondantes de son territoire, et en recevant seule les productions de ses colonies elle s'en procure la jouissance à meilleur marché. Le surplus de ce qui est nécessaire à sa consommation , lui fournit des moyens d'échange avec les peuples qui , n'ayant pas de colonies, ne peuvent commercer directement avec elles.

Ce système de commerce exclusif, adopté généralement par toutes les puissances européennes, peut avoir nui plus ou moins aux progrès et à l'amélioration des colonies. On a même pensé que, si le commerce avec elles était libre à toutes les nations , il en résulterait un avantage universel; cette opinion est fausse. En effet, si cette liberté peut être bonne aux peuples qui ont beaucoup de manufactures ou qui recueillent une grande abondance de productions territoriales , elle serait certainement préjudiciable à celles qui n'ont pas les mêmes ressources. Les auteurs qui ont écrit en faveur de la liberté du commerce des colonies , ont fondé leurs raisonnemens sur la probabilité d'une augmentation dans les produits, qui sont devenus une des principales sources de l'industrie et des jouissances de l'Europe. Peut-être cette liberté serait-elle favorable à l'amélioration des colonies; mais il n'y a pas de doute que le marché principal qui s'établirait alors, dans ces contrées, des productions surabondantes de leur territoire, ne fût moins avantageux à l'approvisionnement et au commerce de la mère-patrie, tandis que, par le système du commerce exclusif, chaque métropole établit chez elle même le lieu du marché de ses colonies, et que la concurrence qui naît des besoins des étrangers, favorise directement le commerce national.

Smith prétend qu'il faut nommer cela un avantage relatif plutôt qu'un avantage absolu, et que s'il donne au pays qui en jouit quelque supériorité, c'est moins parce qu'il élève ses produits et son industrie, que parce qu'il abaisse l'industrie et les produits des autres pays. Cette distinction subtile ne présente dans le fait qu'un argument spécieux; car s'il résulte pour un pays un avantage réel de son commerce exclusif, ce commerce y élève nécessairement les produits et l'industrie, et c'est là le but principal vers lequel on doit tendre. Chaque peuple est intéressé à se maintenir dans

un état de prospérité supérieur, s'il est possible,
à celui des peuples voisins, et dans ce cas n'aurait-
il pas tort de fournir aux autres les moyens de
croiser ou de ralentir la marche de sa propre industrie ?

A l'opinion des écrivains que je viens de citer,
opposons celle de Montesquieu. « L'objet des
» colonies, dit-il, est de faire le commerce à de
» meilleures conditions qu'on ne le fait avec les
» peuples voisins, avec lesquels tous les avantages
» sont réciproques. On a établi que la métropole
» seule pourrait négocier dans la colonie, et cela
» avec grande raison, parce que le but de l'éta-
» blissement a été l'extension du commerce, non
» la fondation d'une ville ou d'un nouvel empire.

» Ainsi c'est encore une loi fondamentale de
» l'Europe, que tout commerce avec une colonie
» étrangère, est regardé comme un pur monopole
» punissable par les lois du pays ; et il ne faut pas
» juger de cela par les lois et les exemples des an-
» ciens peuples, qui n'y sont guère applicables.

» Le désavantage des colonies qui perdent la
» liberté du commerce, est visiblement compensé
» par la protection de la métropole, qui les défend
» par ses armes ou les maintient par ses lois.

» Nos colonies des îles Antilles sont admi-
» rables ; elles ont des objets de commerce que

» nous n'avons ni ne pouvons avoir ; elles man-
» quent de ce qui fait l'objet du nôtre. » (*Esprit
des Lois , liv.* 21 *, ch.* 21 *.*)

Au surplus, avec un peu de réflexion, on recon-
naît aisément l'impossibilité d'arriver dans la pra-
tique d'une administration sage et bien combinée,
à tous ces principes trop étendus d'un bonheur général qui n'est souvent que problématique. Les
sacrifices qu'une nation peut faire en ce genre,
lui deviennent onéreux s'ils ne sont pas imités
par les peuples qui l'environnent, et le concours
nécessaire pour adopter une théorie plus généreuse,
plus sublime dans son dessein et dans son exécution, est presqu'impossible à établir. Il n'est donc
pas à présumer que l'on change en Europe le système du commerce des colonies ; chaque puissance
doit se contenter des avantages particuliers qu'elle
retire des siennes, mais on doit desirer que ces
relations soient fondées sur les principes les plus
justes pour les deux parties.

*De l'extension qu'il faudrait accorder à l'industrie
des Colonies.*

Tous les réglemens qui peuvent arrêter ou resserrer l'industrie et le travail des colons, sont
préjudiciables aux intérêts des colonies et même
à ceux de leurs métropoles. Les bases naturelles sur

lesquelles reposent, pour ces dernières, les moyens d'échange, sont assez étendues, et il serait peut-être aussi impolitique qu'injuste de vouloir trop les agrandir. La cherté de la main-d'œuvre dans les colonies, le besoin qu'elles ont des productions étrangères à la nature de leur territoire, leur feront recevoir toujours avec avantage les marchandises manufacturées qu'elles ne pourraient se procurer qu'avec des frais plus considérables de fabrication, tandis qu'au contraire la richesse des produits dont leur sol est susceptible, les engagera constamment à donner la préférence à des cultures différentes de celles de l'Europe. Presque toutes les productions des îles nous arrivent sous la forme de matières premières ; les préparations qu'elles exigent, l'emploi auquel elles sont destinées, sont des moyens de plus d'industrie et de travail pour les métropoles. Les sucres exercent et alimentent l'activité des rafineries, les cotons mettent en mouvement les filatures, l'indigo et les autres denrées propres à la teinture donnent aux laines une plus grande valeur. Le café seul n'exige aucun travail : nous le recevons avec toutes les qualités qui en rendent la jouissance précieuse.

De même que l'activité des grandes villes exerce une influence directe sur les progrès et l'amélioration des campagnes, l'activité et l'industrie des

métropoles ont contribué plus ou moins à l'accroissement des colonies. Dans les marchandises manufacturées en Europe, elles retrouvent, comme
les campagnes, une partie de leurs matières premières augmentées de la valeur qu'elles ont ac-
quise par un nouveau travail. Si le haut prix de
la main-d'œuvre ne permet pas aux colonies d'employer à des fabrications coûteuses, comme celles
des cotons, des bras plus utiles à la culture, il
n'en est pas de même des préparations qu'elles
pourraient donner au sucre avant de l'envoyer en
Europe. Il serait dans bien des circonstances, avantageux aux colons de lui faire subir sur les lieux
les dernières opérations du rafinage. Les soins
qu'elles exigent parmi nous ont tant de rapport
avec ceux qu'on leur donne dans les colonies, que
la main-d'œuvre serait à peü près la même que
celle qui est nécessaire à la fabrication des sucres
terrés. Il résulterait donc de la liberté qu'il faudrait laisser aux colonies de donner à cette production tout le degré de perfection qu'elle doit
avoir, qu'elles en retireraient un prix plus avantageux, à raison du fini de la main-d'œuvre; que
les frais qu'elles ont à supporter pour les faire parvenir en Europe, seraient moins considérables, et
que les métropoles en jouiraient par conséquent à
meilleur marché.

De quelques genres de prohibition.

On ne saurait trop favoriser la production des objets d'une consommation journalière et commune. Cette vérité a donné lieu à toutes les inventions qui peuvent rendre plus faciles la main-d'œuvre de la culture et le transport de ses denrées. Il serait absurde de penser qu'en augmentant le produit des terres et en simplifiant les travaux qu'elles demandent, on peut nuire au bonheur général. Pourquoi cette absurdité n'a-t-elle pas été aussi sensible quand il a été question des colonies ? c'est qu'il arrive souvent dans la solution des problèmes d'économie publique de prendre la partie pour le tout.

Par exemple, il n'est pas rare que l'intérêt particulier des commerçans se trouve directement contraire à l'intérêt général : lorsque, dans la vue d'encourager le commerce si nécessaire à la prospérité de l'état, on établit en sa faveur des priviléges trop étendus, on détruit une partie des biens qu'il pouvait produire. Il a été remarqué que la plupart des réglemens sur le commerce des colonies avaient été établis généralement d'après les conseils de ceux qui se livraient à ce commerce : aussi ces réglemens ont-ils toujours été plus favorables à l'intérêt des négocians, qu'à celui des colonies et de la métropole. L'introduction en France de toutes les marchandises coloniales qui pouvaient entrer en concurrence avec quelques-unes des productions de son territoire, ou qui pouvaient y détruire ou simplifier une cause de travail, fut toujours représentée comme un désavantage public : c'est comme si l'on voulait mettre en opposition l'intérêt des voituriers ou rouliers avec l'intérêt général , et proscrire en leur faveur tous les moyens de rendre les communications plus faciles et moins onéreuses.

Et voilà ce qui a fait prohiber l'importation des sirops et eaux-de-vie de sucre. La crainte de croiser le commerce des eaux-de-vie du territoire a été mise en avant pour appuyer la nécessité de cette prohibition ; mais ces dernières n'en rencontrent pas moins dans les marchés de l'Europe les eaux - de - vie de sucre ; elles n'en sont pas moins soumises à l'action de leur concurrence ; cependant elles ont toujours conservé la faveur qu'elles doivent à leur nature et à leur supériorité, et il n'en est résulté aucun préjudice sensible pour leur commerce avec l'étranger. C'est donc principalement en faveur de ceux qui se livrent en France au commerce de cette fabrication, que la prohibition dont je parle peut être avantageuse, et l'État leur a fait, en l'établissant, le

sacrifice

sacrifice d'une augmentation de produit et d'un moyen d'échange de plus.

Mais si cette dernière prohibition est désavantageuse à la France, elle a néanmoins procuré quelque bien aux colonies. C'est sur l'exportation de leurs sirops qu'est fondé principalement le commerce des États-Unis de l'Amérique avec les îles, et la France, en refusant de recevoir chez elle cette marchandise, s'est vue dans la nécessité d'admettre dans les ports de ses colonies, les vaisseaux de cette puissance voisine. Les relations de commerce qui se sont ainsi établies entre les îles et l'Amérique du nord, ont donné lieu à un commerce interlope ou de contrebande, qui a été favorable aux progrès et à l'amélioration des colonies, mais qui a été réellement préjudiciable au commerce général de la France.

Du commerce des Colonies avec les États-Unis d'Amérique.

La position des États-Unis, les productions de leur sol, l'activité et l'industrie de leurs habitans, mettent cette puissance dans le cas de chercher toujours à étendre le plus qu'il est possible ses relations avec les îles ; elle doit être par con-

séquent un objet constant de surveillance pour
les nations européennes qui ont des possessions
en Amérique. Les colonies ne peuvent se passer
d'une foule de productions qui sont communes
au territoire de l'Europe et à celui des États-
Unis. Le voisinage du continent de l'Amérique,
l'abondance de plusieurs de ces mêmes productions, rendent le commerce de ces derniers avec
les îles, plus avantageux aux colons que celui de
l'Europe. Il est donc nécessaire à la prospérité
de la France, que les relations commerciales de
ses colonies avec le continent américain soient
limitées aux seuls objets d'un besoin indispensa-
ble, et que la métropole ne saurait leur fournir
elle-même. Ces objets peuvent se réduire à des
bois, planches, mairains et à des bestiaux de
toute espece. La France doit être presque toujours en état d'approvisionner ses colonies des
farines et viandes salées nécessaires à la subsistance des habitans et des troupes, et cette branche de commerce ne doit être libre aux étrangers
que dans les tems de guerre.

D'après ces principes, il est aisé de sentir de
quel intérêt il est pour la France de conserver
la domination qu'elle exerce sur ses colonies, et
de ne pas renoncer au commerce exclusif que cette
domination lui assure avec elles. Une autre con-

séquence toute aussi naturelle , c'est qu'elle ne
doit rien négliger pour mettre ce commerce à
l'abri des tentatives des nations étrangères ; celle
dont la position doit lui inspirer le plus d'inquiétude , est sans contredit l'Amérique du nord. Les
progrès rapides de cette puissance , l'activité d'un
peuple nouveau qui marche à grands pas vers la
prospérité du commerce , menacent sans cesse
les possessions des Européens dans le Nouveau-
Monde. C'est au gouvernement à juger jusqu'à
quel point la France peut , sans préjudice pour
elle , tolérer des relations dont les objets , peu
importans en apparence , détourneraient sourde-
ment les sources du commerce national.

Avant d'exposer quelques vues sur les moyens
de défendre et de conserver nos colonies, je vais
passer à l'application particulière des principes gé-
néraux que je viens d'établir : je la ferai, cette application, sur la plus importante de nos îles, sur celle
qui suffirait seule pour nous assurer une prépondérance marquée dans le commerce des deux Mondes.
Saint-Domingue offrira dans le tableau de sa prospérité passée, la preuve de celle qu'une bonne administration peut y rétablir, quand le gouvernement le voudra, puisqu'aux sources de cette ancienne prospérité, qui ne demandent qu'à se r'ouvrir, les résultats de la guerre en ont ajouté de nou-

velles qui, dans leur genre, ne seront pas moins intéressantes que les premières.

De l'île de Saint-Domingue.

Tout le monde sait que Saint-Domingue, la seconde des Antilles pour l'étendue, est la première de toutes pour la fertilité, pour la population et pour la richesse. Le citoyen Moreau de Saint-Méry, celui de tous les écrivains qui a parlé de cette colonie avec le plus d'exactitude et le plus de détails, prétend que sa surface totale est de cinq mille deux cents lieues carrées, dont la partie française ne formait guère plus du tiers; cependant cette partie contenait en 1789, une population de cinq cent vingt mille individus, tandis que l'autre n'en renfermait que cent vingt-cinq mille. Pendant long-tems la partie espagnole fut beaucoup plus florissante que la partie française. Peu à peu celle-ci s'accrut en prospérité, tant par les soins que se donnèrent les différens chefs de la colonie, que par une suite du génie actif et industrieux naturel aux Français. A l'époque où éclatèrent les malheurs de Saint-Domingue, ses exportations annuelles étaient de deux cent cinquante millions pesant de denrées coloniales, café, sucre, coton, indigo, etc. Que l'on compare cet état avec celui où se trouvait l'île environ un siècle auparavant, lorsque deux vaisseaux faisaient chaque année le voyage d'Europe, et suffisaient pour les importations et les exportations.

On appréciera mieux l'importance et l'éclat de ces accroissemens en remontant à l'origine de l'établissement des Européens dans l'île de Saint-Domingue, et en suivant les progrès successifs de leur exploitation. Lorsque les Espagnols eurent découvert à la fin du quinzième siècle, les îles et le continent de l'Amérique, les métaux précieux qu'ils y trouvèrent en abondance, attirèrent aux mêmes lieux une foule d'avanturiers de toutes les parties de l'Europe. Bientôt ils furent la plupart trompés dans leur attente ; la terre, principalement dans les îles, commençait à s'épuiser d'or, mais la fécondité du sol, la nature des productions dont il était susceptible, leur promettaient des richesses plus réelles dont ils surent profiter.

Des nègres esclaves.

Ces nouveaux colons ne pouvaient suffire aux besoins de l'agriculture : nés dans un climat tempéré, comment auraient-ils soutenu les travaux pénibles des défrichemens sous un ciel brûlant et souvent insalubre ? Ils imaginèrent d'aller demander des cultivateurs à l'Afrique, et les colonies se peuplèrent de nègres esclaves. Avec ces hommes destinés aux travaux de la culture, on transporta des mêmes lieux ou des îles qui les avoisinent, la canne à sucre, qui devint une des plus riches productions des îles de l'Amérique.

Les colonies à sucre des Européens étaient donc et sont encore en partie cultivées par des nègres esclaves. J'ai dit plus haut que celles qui appartiennent à la France, étaient parvenues à un bien plus haut point de prospérité que toutes les autres, et cette prospérité était l'effet de différentes causes que nous allons faire connaître.

Peu de tems après que les premiers habitans de Saint-Domingue, connus sous le nom de Flibustier et de Boucaniers, eurent été rangés sous la domination de la France, l'amélioration de cette colonie prit un accroissement rapide. Devenus agriculteurs de pirates qu'ils étaient auparavant, ils ne déployèrent pas moins de constance et d'industrie pour trouver de nouvelles sources de richesses dans la culture, qu'ils avaient montré de courage et d'adresse dans leurs expéditions maritimes. Dans ces premiers momens Saint-Domingue fut, ainsi que les autres colonies, soumis au gouvernement d'une compagnie exclusive. De tous les moyens qu'il est possible d'imaginer pour arrêter les progrès naturels d'une colonie, il n'en est pas sans doute, comme dit Smith, de plus puissant que la création d'une pareille compagnie. Cependant ce génie oppresseur ne put en étouffer tout-à-fait la prospérité naissante, qui reprit son cours et se développa dès qu'elle en fut délivrée. Quand le commerce devint libre ensuite à tous les spéculateurs français, l'amélioration des cultures fut si prompte et si sensible, qu'à l'époque qui a précédé les troubles de Saint-Domingue, toutes les terres, même celles qui sont situées sur les plus hautes montagnes, avaient été concédées, et fournissaient les récoltes les plus riches et les plus abondantes.

Traitement des esclaves, plus doux dans les Colonies françaises que dans les autres.

Les progrès de la culture avaient suivi ceux des fortunes particulières, sans autre secours de la part de la métropole, que le crédit que les négocians français accordaient aux colons, et qui s'étendait ordinairement à dix-huit mois et à trois ans, au lieu que les colonies anglaises du même genre ont englouti des capitaux énormes, sans qu'ils aient pu produire d'aussi grands avantages. L'état florissant de nos colonies, comparé à celui des colonies étrangères, doit faire penser que les esclaves éprouvaient dans les premières un meilleur traitement. Aussi tous les voyageurs et les écrivains de toutes les nations s'accordent à dire que, dans aucun lieu,

l'esclavage n'était plus doux que dans les colonies françaises ; tous regardent cette cause comme une des plus certaines de leur prospérité. Je ne pense pas, comme un écrivain anglais, « que cette amélio-
» ration du sort de nos esclaves dans nos colonies,
« ait été l'effet du gouvernement arbitraire de ces
» îles, qui avait le pouvoir de s'ingérer dans l'ad-
» ministration des propriétés particulières, et qui
» pouvait plus facilement protéger l'esclave, à qui
» la simple humanité dispose naturellement à
» porter secours (1). » Dans ces colonies, où le gouvernement avait une si grande étendue de pouvoir, on citerait difficilement beaucoup d'occasions où sa protection directe envers les esclaves ait été nécessaire ; et si, d'après les récits de tous les observateurs, d'après l'aveu même des étrangers, il paraît constant que l'esclavage fût plus doux chez les Français que chez les autres peuples, il est naturel et juste, selon moi, d'attribuer cette différence au caractère national et à l'intelligence des habitans de nos colonies. En adoptant envers leurs esclaves la méthode d'un traitement plus humain, ils agissaient conformément à leurs intérêts, et suivaient une des premières règles de l'agriculture, qui porte à conserver et à soigner les instrumens du travail.

____

(1) Smith.

Mais les nègres transportés de l'Afrique, où l'analogie du climat avec celui de nos îles est si grande, ne parvenaient pourtant que par degrés à s'accoutumer aux soins pénibles de la culture. Souvent ils ne se rétablissaient que lentement des fatigues et des privations qu'ils avaient essuyées dans ce long voyage, et ils montraient plus ou moins de répugnance au travail. Ceux qui dans leur pays faisaient partie des peuples agricoles, y réussissaient infiniment mieux et plus prompte-ment que ceux qui sortaient des peuples guer-riers et pasteurs. En général ils devenaient tra-vailleurs en raison de leurs progrès dans la civi-lisation ; progrès qui dépendaient en quelque sorte des bons traitemens qu'ils recevaient. Ces pre-miers obstacles vaincus, les nègres s'acclimataient facilement à Saint-Domingue. Mais les frais de cette transmigration, les risques qu'elle faisait supporter, occasionnaient souvent aux habitans des dépenses considérables.

La propagation des nègres esclaves était insuffisante pour son renouvellement.

Dans les colonies où le besoin constant du tra-vail demandait tous les ans au moins le même nombre d'ouvriers, il eût été de l'intérêt des pro-priétaires, que la propagation de la race des nègres pût être suffisante à son renouvellement ; mais on était généralement forcé de pourvoir à son remplacement successif par de nouvelles acquisitions. Sur deux habitations très-bien administrées dans la partie du sud de Saint-Domingue, on avait, dans l'espace de onze années, de 1779 à 1789, fait l'acquisition de cent nègres ; en 1779 la population était de trois cent soixante et onze, et en 1789 de quatre cent quatorze. Il résultait donc pendant cet intervalle un déficit de cinquante-sept sur la population de ces deux habitations. Il est probable que les fonds de ces achats eussent été plus utilement employés pour le propriétaire dans une augmentation du salaire des ouvriers. On sait l'influence qu'a sur leur propagation le prix plus ou moins avantageux de ce salaire. Prenons pour exemple, en Amérique, le pays qui présente le tableau de l'accroissement le plus rapide dans sa population. Le salaire des ouvriers est porté aux États-Unis, à un prix beaucoup plus élevé que dans aucun autre pays ; les progrès de la population y sont à peu près dans le rapport de trois et demi à cent, c'est-à-dire qu'elle doit doubler à peu près dans vingt-cinq ans. D'où vient donc que dans nos colonies la propagation de la race des ouvriers ne suffisait pas à son renouvellement ? On ne peut attribuer cette différence uniquement à la nature du climat des îles : les personnes qui les ont habitées, ont été à portée de se convaincre que les nègres s'y naturalisaient facilement. J'ai connu sur plusieurs habitations, notamment sur celles que j'ai citées, des nègres très-âgés, dont trois entr'autres nés en Afrique, étaient centenaires.

De l'émancipation des nègres.

Je pense donc que cette différence est principalement le résultat des vices et du découragement que produit l'esclavage. Cette réflexion, qui n'a pas été sans dangers dans une autre époque, lorsque la France était en proie aux convulsions révolutionnaires, et que, sous prétexte de régénérer le Monde, ceux qui la gouvernaient, violaient sans scrupule toutes les propriétés particulières, et compromettaient sans cesse la fortune publique, cette réflexion, dis-je, peut faire connaître au gouvernement le parti qu'on peut tirer encore de la colonie de Saint-Domingue. Mon dessein n'est pas d'écrire l'histoire de la révolution qui s'y est opérée ; et quoique j'aie été témoin de ses principaux événemens, je trouve plus consolant de détourner mes yeux d'un pareil tableau, et de ne m'occuper que des moyens qui peuvent contribuer à rendre à cette importante colonie son ancienne prospérité. Les maux qui ont précédé et suivi l'émancipation subite des nègres, cesseront bientôt devant la force protectrice d'un gouvernement puissant. Autant il serait injuste et même imprudent de revenir sur le principe de cette émancipation, et sur les droits qu'elle a rendus aux nègres, autant il serait impolitique de ne pas les limiter aux bornes naturelles qu'ils doivent avoir. Le nègre, affranchi de son ancien esclavage, ne peut trouver que dans le produit de son travail les moyens de fournir aux besoins de son existence et de son entretien. Quoique son sort soit réellement amélioré par le changement qui s'est opéré dans son état, il n'en reste pas moins dans la dépendance de ceux qui peuvent lui fournir du travail. Si l'émancipation générale des nègres à Saint-Domingue eût été dirigée par des principes plus sages, si elle n'eût pas été provoquée par des circonstances aussi malheureuses que celles dont elle a été environnée, je ne doute pas que ses effets n'eussent été bien moins funestes. Mais cette mesure fut dictée et exécutée par l'esprit révolutionnaire, qui ne calcule jamais que pour le moment présent. C'est en mettant le fer et la flamme entre les mains des nègres, que l'on proclama leur liberté. Au massacre des propriétaires succédèrent bientôt les dissentions et les guerres entre les différens partis qui se disputaient le commandement, et la France perdit,

avec son autorité à Saint-Domingue, les moyens
d'arrêter ces désordres.

Aujourd'hui, débarrassée en partie du fardeau de
la guerre, elle ne peut tarder à voir la puissance de
son gouvernement rétablie dans toutes ses possessions. Les sacrifices nécessaires pour y réussir ne
lui coûteront pas la vingtième partie de ce qu'il en
a coûté à nos ennemis pour tenter de nous enlever
cette riche colonie et pour y perpétuer les ravages.
Je n'entrerai pas dans le détail des mesures que le
gouvernement devra prendre aussitôt qu'il voudra
s'occuper de Saint-Domingue. Il connaît tous les
avantages de cette île, toutes les ressources qu'elle
offre à l'activité du commerce. Il a d'ailleurs le se-
cret de sa force, il sent son influence, il est entouré
de lumières, qu'il fasse un pas et il atteindra le but.
Quel que soit le plan qu'il adopte, je me bornerai à
une observation que je crois essentielle à la con-
servation des troupes dans la colonie. C'est surtout
dans les lieux bas et voisins de la mer, sur les côtes
et dans les villes, que le climat se fait sentir d'une
manière funeste aux Européens. Les lieux plus élevés et plus avancés dans l'intérieur, jouissent d'une
température plus douce, et sont moins exposés aux
émanations des endroits bas et marécageux. L'établissement de troupes dans ces cantons réunirait
donc à l'avantage d'offrir au soldat les moyens de

s'acclimater plus promptement, celui de pouvoir protéger avec plus d'efficacité les travaux des campagnes. A ces précautions, joignez une nourriture saine, un entretien convenable à la nature du climat, vous n'aurez plus à redouter son influence.

Nécessité d'un gouvernement très-fort pour administrer les Colonies.

Les colonies avaient pris un accroissement rapide sous la protection d'un gouvernement très-fort, qui pouvait maintenir la subordination parmi les différentes classes d'habitans. Un chef militaire était chargé de veiller à la sûreté intérieure et extérieure du pays : tous les hommes libres étaient formés en corps de milice, et se trouvaient ainsi sous la discipline du commandant général. La justice était rendue par des tribunaux indépendans de l'autorité militaire, et l'administration civile était confiée à un magistrat particulier, dont les fonctions étaient séparées de celles du gouverneur.

Cette forme de gouvernement, si propre à un pays où l'appât des richesses faisait aborder une foule d'avanturiers, et où la population exigeait une police très-sévère, a été néanmoins le sujet de bien des réclamations. L'abus que quelques gouverneurs ont fait de leur autorité, a fourni à plusieurs écrivains des armes pour la combattre, et ils y ont joint tous les moyens d'une éloquence peut-être inconsidérée ; car, en nous assurant qu'il était politique d'accorder aux colons le droit de se gouverner eux-mêmes, ils ont négligé de nous en faire prévoir les inconvéniens : ils avaient pourtant sous les yeux l'exemple des Anglais ; des troubles qui se renouvelaient sans cesse, retardaient les progrès de leurs îles à sucre, et ont fini par leur enlever leurs colonies du continent. Je pourrais, à cette occasion, répondre aux prophéties que font quelques-uns de ces écrivains, lorsqu'ils annoncent comme inévitable l'indépendance future et même prochaine des colonies européennes. Il ne me serait pas difficile de prouver qu'il n'en est pas des îles comme des possessions continentales, et qu'en supposant que les premières s'affranchissent des liens de leurs métropoles, elles seraient toujours forcées de subir presque aussitôt le joug d'une nouvelle domination. Mais cette discussion serait étrangère en ce moment, et je ne l'indique ici que pour faire pressentir combien, même en regardant l'indépendance comme possible, les dédommagemens qu'on nous propose de chercher dans la création de colonies nouvelles, seraient insuffisans, incertains ou plutôt chimériques. Je ne me lasserai point de le répéter : une puissance qui, avec les ressources de la France, possède des colonies comme celle de Saint-Domingue, serait insensée, ennemie de ses propres intérèts si elle écoutait un moment ces rêves de l'imagination, au lieu de donner ses soins au rétablissement d'une île si riche, si fertile et si peuplée. Je reviens à mon sujet.

Dès que les liens de l'autorité tutélaire qui tenait nos colonies sous la domination française, ont été rompus ou relâchés, on a vu nos îles devenir lapoie de troubles et de calamités de toute espèce. Les colons, appelés à se gouverner eux-mêmes ou à établir les lois nouvelles qui devaient dorénavant régir leur pays, ont été bientôt divisés par les préjugés injustes des uns et par l'ambition désordonnée des autres ; leurs discordes ont favorisé les projets désorganisateurs de l'esprit du moment, et plusieurs de nos colonies sont passées sous une domination étrangère. Tel devait être l'effet d'un bouleversement général : il est heureux pour la France, que toutes les tentatives de l'ennemi aient échoué ou n'aient pas eu des succès plus durables dans la plus brillante de nos possessions américaines. Mais si un gouvernement vigoureux était nécessaire pour y maintenir l'ordre et garantir sa sûreté, il est naturel de prévoir que ce ne sera que sous une pareille égide, que cette colonie redeviendra tranquille et florissante :

sante : c'est par cette influence que s'éteindront les haines et les passions ambitieuses ; c'est elle qui doit présider au rétablissement des cultures ; c'est elle qui réglera les articles du nouveau contrat nécessaire pour fixer les droits des propriétaires et des ouvriers libres ; c'est elle enfin qui saura veiller à l'exécution des réglemens que demande la nature du climat, de la population et des travaux.

La liberté des nègres n'est point un obstacle à la prospérité des Colonies.

Je suis bien loin de croire que la liberté que les nègres ont obtenue, et dont ils doivent jouir désormais, soit un obstacle à la prospérité des colonies. L'opinion contraire a d'autant plus de poids sur mon esprit, qu'elle est fondée sur l'expérience que j'ai du caractère et des habitudes des nègres. Ils ont été souvent représentés comme plus indolens et moins intelligens que les autres hommes. L'histoire de la révolution de Saint-Domingue fournirait bien des traits pour combattre cette assertion. Quiconque a été à portée de suivre les nègres dans leurs travaux, a pu observer que, lorsqu'ils n'étaient pas excédés de fatigues et qu'ils étaient bien traités, ils se livraient généralement sans répugnance à leurs occupations. Peut-on penser qu'ils se refuseront au travail, quand il sera pour eux plus profitable qu'autrefois ? Les nouvelles mœurs, les besoins nouveaux que le changement de leur situation leur a fait connaître et contracter, leur donneront un stimulant de plus ; car ils auront une famille, et ils n'en avaient pas dans l'esclavage, où chacun ne vit que pour soi.

C'est avec une égale injustice qu'on leur a refusé des vertus qui parmi eux étaient bien plus communes que leur état ne semblait le faire croire. Plusieurs avaient prouvé dans l'esclavage, qu'ils étaient susceptibles de tous les sentimens d'affection et de générosité ; ils ont souvent porté la reconnaissance à un point dont les hommes les plus civilisés seraient à peine capables. Au milieu des troubles qui avaient exalté dans toutes les têtes les passions de vengeance et d'indépendance, beaucoup d'entr'eux ont donné à leurs anciens maîtres des témoignages d'un attachement et d'un dévoûment extraordinaires. Moi-même, après que les liens de l'ancienne subordination ont été brisés, j'ai recueilli le fruit de ces vertus ; j'étais seul, ils étaient armés, nos relations ont été les mêmes, et il m'appartient peut-être plus qu'à personne de réclamer contre les préventions et les faux jugemens qu'on porte à leur égard.

De la diminution présumée dans leur population.

Une objection que l'on fait assez ordinairement contre la possibilité du rétablissement général des cultures à Saint-Domingue, est fondée sur la diminution que l'on présume avoir eu lieu dans la population des nègres de cette colonie. Cependant je ne serais pas étonné que cette diminution n'eût pas été aussi considérable qu'on paraît le craindre. Je me suis même convaincu, d'après des renseignemens assez sûrs, que dans certains quartiers de l'île, et notamment dans la partie du sud, la population a augmenté depuis dix ans. Dans ces contrées, les ravages n'ont pas été aussi désastreux que dans les autres, et l'amélioration qui a eu lieu dans le sort des nègres, a été favorable à la propagation de leur race. Dans les autres quartiers, les guerres ont été plus longues et plus meurtrières, principalement dans le nord, et les suites ont été vraisemblablement plus funestes. Cependant il paraît que, même dans cette partie, la rareté des bras nécessaires à la culture a été fort exagérée. En effet, la plupart des fléaux qui sont si communs et si terribles dans les guerres intestines, n'étaient pour les nègres, en raison de leurs anciennes habitudes et de la fertilité du sol, que des contrariétés plus ou moins affligeantes; ils étaient à l'abri de la famine dans un pays où le travail de trois ou quatre journées suffit à chaque individu pour lui assurer une nourriture abondante pendant toute l'année; et sur cette terre qu'ils étaient accoutumés à cultiver, ils n'étaient obligés que de faire les récoltes journalières, nécessaires à leur subsistance. Quand la partie la plus nombreuse d'une pareille population embrasse l'état de guerre pour parvenir à un sort plus heureux, et que toutes les probabilités sont en sa faveur, comme elles l'étaient à Saint-Domingue, l'apparence même d'une amélioration dans sa destinée devient un encouragement pour la propagation de sa race, à mesure que cessent les causes qui s'y opposaient auparavant. Or, l'ancienne condition des nègres n'étouffait que trop souvent en eux le desir de cette propagation, et contrariait sous ce point de vue, comme sous tant d'autres, le vœu de la nature. Elle occasionnait même en tems de paix une mortalité extraordinaire parmi beaucoup d'entr'eux, surtout parmi ceux qui arrivaient nouvellement d'Afrique. Aussi l'état de guerre a-t-il eu pour ces derniers d'autant plus d'attraits, qu'il leur rappelait leur ancienne manière de vivre dans leur pays, et qu'ils avaient plus d'éloignement pour la culture.

C'est par cette raison que je pense qu'un des

obstacles qu'on aura à vaincre pour lui rendre tous les bras dont elle aura besoin, se rencontrera peut-être dans la difficulté de ramener aux travaux ces mêmes nègres qui ont embrassé avec tant de goût un genre de vie si contraire à celui des cultivateurs, quoique, d'un autre côté, la discipline militaire à laquelle ils sont soumis depuis plusieurs années, ait dû leur faire faire des progrès dans la civilisation. Cette difficulté s'applanira successivement, et d'ailleurs il sera peut-être utile de conserver en corps militaire une partie des nègres qui montreraient trop de répugnance pour les autres travaux.

Il est donc probable que le nombre des ouvriers à Saint-Domingue suffirait dans les premiers momens ; que l'amélioration qui s'est opérée dans leur sort, ne saurait manquer d'avoir une grande influence sur la propagation de leur race, et qu'à moins que les travaux ne prissent un accroissement très-rapide par de nouvelles cultures que l'augmentation du territoire de la colonie pourrait favoriser, la population correspondrait pendant long-tems aux besoins de la main-d'œuvre. J'examinerai plus loin jusqu'à quel point il serait avantageux de perfectionner la culture dans la partie de l'île cédée par les Espagnols à la France, et quelle utilité doit résulter pour la dernière de cette nouvelle possession.

Du rétablissement des anciens propriétaires.

Un des premiers actes de l'autorité du gouvernement à Saint-Domingue, un des premiers soins de sa sollicitude, doit être de rétablir les anciens habitans dans leur droit de propriété, en protégeant leur rentrée sur leurs plantations. La plupart d'entr'eux ont été obligés de fuir pour éviter d'être les victimes des massacres qui en ont atteint un si grand nombre. Les malheurs qu'ils éprouvent depuis tant d'années cesseront quand on voudra exercer à leur égard cet acte de justice, et la prospérité de la colonie en dépend sous plus d'un rapport. Leurs biens sont administrés ou affermés pour le compte du gouvernement de Saint-Domingue. Certains individus, puissans par l'autorité ou le crédit dont ils jouissent dans le pays, se sont fait adjuger à vil prix, chacun plusieurs de ces fermes ; ainsi des exploitations capables d'enrichir un grand nombre de propriétaires font la fortune de quelques fermiers. Ce n'est que sous la surveillance et par l'industrie des premiers, que les cultures reprendront toute leur activité : avec l'intelligence qu'ils ont déployée autrefois, ils n'ont besoin, pour réussir de nouveau, que de la protection nécessaire au développement des grandes manufactures.

Je pourrais appuyer cette espérance ou plutôt cette certitude sur le caractere même des colons de Saint-Domingue. On leur reprochait, et sur-tout à ceux qui étaient nés dans l'île, une extrême vivacité d'imagination qui produisait l'inconstance de leurs goûts. Entourés dès l'enfance d'une multitude d'esclaves qui flattaient tous leurs caprices, qui s'empressaient à satisfaire toutes leurs fantaisies, ou même à leur en inspirer, ils étaient souvent aussi impérieux qu'indolens. Les créols, qui n'étaient pas sortis de la colonie où ils ne pouvaient recevoir aucune éducation, ceux qui revenaient dans leur pays natal après que leur éducation avait été négligée en France, étaient entiérement livrés à cette effervescence qu'ils avaient reçue de la nature, qu'enflammaient encore la chaleur du climat et cette habitude de n'avoir besoin que d'un regard pour tout faire céder autour de soi. Combien il était difficile que de semblables dispositions ne devînssent pas funestes dans un lieu où les mœurs ne sont rien moins que propres à les maîtriser ! Mais les circonstances ont bien changé ; et quand même la leçon du malheur aurait été perdue pour eux, une loi plus sévère encore, la nécessité, les forcerait de cultiver pour leur intérèt les qualités estimables dont le ciel les a doués. Cette agilité qui les rend propres à tous les exercices, cette conception

facile, suite naturelle de la vivacité de leur imagination, leur assurent des succès dans tout ce qu'ils
voudront entreprendre. Ils joignent la franchise à
la générosité, l'affabilité à la confiance : peut-être
ont-ils un peu d'ostentation, mais nulle part on
n'exerce l'hospitalité d'une manière plus honorable
que chez eux. Ils sont braves, amis sûrs, bons
pères, incapables en général de ces crimes odieux
qui dégradent l'humanité. Tout semble garantir
qu'ils deviendront les citoyens les plus recommand-
dables, lorsqu'obligés de diriger et de surveiller
des ouvriers au lieu de commander à des esclaves,
ils trouveront, dans le besoin de réparer leur fortune en fondant un riche commerce sur une immense culture, dans le devoir de repousser toutes
les attaques que l'on pourrait tenter contre eux,
un aliment digne de leur continuelle activité.

Du salaire à accorder aux nègres et de sa répartition.

Si les nègres de Saint-Domingue doivent désormais obtenir pour prix de leur travail un salaire
dont ils puissent disposer à leur gré, et qui suffise
à leur existence et à leur entretien, il est nécessaire
aussi que leurs droits soient fixés par des réglemens
sages et conformes au genre de culture ou de
fabrication auquel ils seront employés. Ce n'est
que sur le produit même des récoltes et à mesure

que la rentrée s'en effectue, qu'ils doivent recevoir la totalité de ce salaire, excepté la portion qu'exige leur subsistance journalière. Cet usage est en quelque sorte universellement établi dans tous les pays pour les travaux de l'agriculture : ici les propriétaires ne seront pas en état de faire de plus fortes avances à leurs ouvriers, au moins pendant les premières années.

Le salaire des nègres pourrait donc se composer de deux articles, d'abord de leur nourriture qu'ils trouveraient comme autrefois dans la culture de leurs jardins, dont la jouissance leur serait entièrement réservée ; en second lieu, dans une part sur le produit général des travaux. Le premier de ces articles suffisait, avant les troubles, à l'existence des nègres ; ceux mêmes qui étaient intelligens en retiraient, outre une nourriture abondante, les moyens d'élever et d'entretenir une basse-cour. Indépendamment de cela il faudrait que les propriétaires fussent tenus d'ensemencer encore en vivres une portion de leurs terres, afin de pouvoir subvenir aux besoins des ouvriers, dans le cas où les intempéries du climat ou quelques accidens qui arriveraient aux jardins des nègres occasionneraient la disette.

Quant à la partie du salaire qu'on prendrait sur le produit général, elle pourrait être fixée particuliérement pour les sucreries, au quart de tous les revenus. Par cet arrangement, il reviendrait aux propriétaires pour leurs avances, qui seraient considérables et les exposeraient à de grandes pertes, ainsi que pour la rente de la terre, plus de la moitié de tous les produits. Pour donner une idée exacte du revenu que rapportait l'ancien système de culture d'une sucrerie et des frais qu'il exigeait, je joins ici le tableau d'une année moyenne sur onze années consécutives du revenu et des frais de deux habitations de ce genre, situées dans la partie du sud de Saint-Domingue. Je comparerai ce produit et ces dépenses avec ceux que le nouveau système de culture peut faire présumer.

TABLEAU pris de deux habitations.

Relevé du revenu net, depuis 1779 jusqu'en 1790, des deux habitations B..... et R....., établies en sucrerie

Ces deux habitations ont produit, pendant ces onze années, dont quatre ont été des années de guerre, peu favorables au revenu de ces sortes de biens, la somme de............ 2,396,803 l.

Le revenu brut d'une année moyenne, prise dans ces onze années, s'est donc monté à la somme de... 217,353 l.

Dépenses qui ont été faites, année moyenne.

1°. Frais d'exploitation, de régie, de réparations, constructions, entretien des nègres, hôpitaux, appointemens du médecin. 45,627

2°. Acquisitions annuelles de nègres.............. 17,396

3°. Déficit annuel dans le capital employé en nègres (1)............... 9,327

4°. Remplacement annuel de bestiaux........ 8,335

80,685 l.

Revenu net d'une année moyenne. 136,668 l.

(1) Pendant ces onze années, on a éprouvé un dé-

*Aperçu de la dépense à faire et du revenu net,
année moyenne, d'après le nouveau système de
culture.*

Revenu brut................. 217,353 l.

1°. Frais d'exploitation et de régie (1).............. 25,000

2°. Remplacement an-
nuel de bestiaux........ 8,335

3°. Le $\frac{1}{4}$ des produits, livré
aux nègres pour le salaire
de leurs travaux........ 54,338

87,673 l.

Revenu net, année moyenne pré-
sumée............................ 129,680 l.

*Conséquence du rapprochement de l'ancien système
de culture et du nouveau.*

D'après cet aperçu, on voit que les revenus seraient diminués par le nouveau système, à peu près

---

ficit de 57 nègres sur la population de ces deux habitations. En les estimant l'un dans l'autre à 1800 liv.,
cette perte a absorbé un capital de 102,600 liv., dont
le onzième donne, pour une année moyenne, la somme
de 9327 liv.

(1) Ces frais d'exploitation seront diminués, par le
nouveau système, de tous les frais que les nègres occasionnaient pour leur entretien, ainsi que de ceux des
constructions qui ont été faites, et ils ne doivent pas
se monter à une plus forte somme.

dans le rapport de 5 pour 100 ; mais on a lieu de compter sur une augmentation générale dans les produits : les nègres, intéressés eux-mêmes à les accroître pour ajouter à leurs bénéfices, travaille-raient avec plus de zèle. Il est à croire encore que les sucres bruts et terrés, dont le prix moyen, pen-dant ces onze années, a été de 25 liv. et de 50 liv. le quintal, se soutiendront long-tems à un prix plus élevé que celui qu'ils avaient il y a quinze ans.

Il serait trop minutieux d'entrer dans le détail des réglemens à établir sur chaque habitation, pour partager avec équité entre tous les ouvriers la portion du produit qui leur serait attribuée : on sent bien que chaque part devrait être proportionnée au travail de chacun d'eux, et que ces réglemens seraient convenus entre les ouvriers eux-mêmes et le propriétaire.

Pour les cultures d'un autre genre, comme celles du café, de l'indigo, du coton, la portion du produit qui reviendrait aux nègres, serait nécessaire-ment moins considérable. Dans ces sortes d'ex-ploitations, les travaux sont moins pénibles que sur les sucreries ; un tiers moins d'ouvriers peut y faire un revenu égal : ainsi le sixième du produit de ces biens suffirait au salaire.

Ces détails ont trop de rapport à une branche essentielle de la fortune publique, pour ne pas

mériter toute l'attention de ceux qui s'intéressent
à la restauration des colonies : ils serviront à dé-
montrer que la main-d'œuvre ou le travail fait par
des esclaves, est au moins aussi cher que celui
qu'on peut obtenir des mains libres et salariées ;
car l'esclavage produisait des causes de mortalité
qui occasionnaient de grandes dépenses aux propriétaires, et qui étaient souvent plus funestes
qu'elles ne l'ont été sur les deux habitations que
j'ai citées. Raynal estime qu'il mourait tous les ans
la septième partie des nègres qui arrivaient d'Afrique : je ne pense pas que ce calcul soit exagéré.

Quoique l'on puisse considérer les frais que les
nègres causaient autrefois pour leur entretien,
comme une partie du salaire qui devait leur être
attribué, il est certain néanmoins que ces frais,
eussent-ils égalé le prix que leur accorderait le
nouveau système, n'auraient jamais produit sur
leur existence des effets aussi avantageux qu'un salaire dont ils auraient la libre disposition, et qu'ils
sauraient employer de la manière la plus convenable à leurs besoins et à leurs goûts. On oppose-
rait en vain à cette vérité des objections tirées encore du caractère et de l'imprévoyance des nègres :
ils apprendront à devenir prévoyans quand ils en
auront éprouvé la nécessité ; d'ailleurs, les fautes
qu'ils pourraient faire en ce genre, ne seraient

jamais aussi funestes pour eux que pour les ouvriers de l'Europe, puisqu'elles ne les exposeraient pas à manquer de subsistances.

Si donc, comme il est vraisemblable, la population des nègres à Saint - Domingue peut suffire au besoin qu'on y aura du travail, l'amélioration qui s'est opérée dans leur sort en multipliera la race, et la fera correspondre constamment à ce même besoin de la main-d'œuvre. Ainsi le problème si long-tems débattu sur l'esclavage, se trouvera résolu de la manière la plus satisfaisante, et ce sera sur des bases plus conformes aux intérêts de l'humanité que sera désormais fondée l'une des principales causes de la prospérité nationale.

De la partie de Saint-Domingue qui a été cédée à la France par les Espagnols.

Je passe maintenant à l'examen des avantages que promet à la France la partie de l'île de Saint-Domingue qui appartenait à l'Espagne, et qui nous a été cédée par cette puissance. C'est en appréciant dans toute leur valeur les nouveaux moyens d'industrie que cette cession présente à notre activité, qu'il est permis de s'étonner qu'on puisse appeler la pensée du gouvernement sur des projets dont l'exécution est aussi peu probable que leurs effets seraient illusoires. Des plaines d'une vaste étendue, arrosées par un grand nombre de rivières ; des montagnes non moins fertiles couvertes de bois superbes propres à tous les genres de travaux ; des ports sur toutes les côtes, capables de recevoir des escadres nombreuses, et où peuvent s'élever des chantiers pour les constructions navales ; d'antiques souvenirs d'une splendeur depuis long-tems éclipsée, mais qui étonna l'Europe même par l'éclat des conquêtes, par la grandeur des découvertes, et qui peut briller encore par des établissemens plus solides et plus utiles à l'humanité ; voilà les nouvelles colonies qui s'offrent à l'ambition éclairée de la France ; voilà les richesses qui se trouvent déjà dans sa puissance, et dont elle n'a pas besoin d'aller chercher la source dans des mers et des régions presque inconnues.

Cette partie de l'île est deux fois plus considérable en superficie que la partie française, mais sa population ne se monte qu'environ au cinquième de celle de notre ancienne colonie. Elle demanderait donc une population dix fois plus grande pour suffire aux mêmes travaux. Ce n'est qu'avec le tems et graduellement qu'elle pourra parvenir au même point de prospérité. Encore, combien faudra-t-il de soins, de dépenses, de sacrifices, pour qu'elle sorte de l'état de langueur où elle a été abandonnée ! Point d'exploitations,

sinon

sinon une vingtaine de sucreries ; presque nulles relations avec la métropole, obligée d'envoyer d'Europe l'argent nécessaire aux frais de l'administration, dans un pays dont les mines d'or avaient enrichi Charles-Quint. Point de communications ni de chemins autres que des sentiers difficiles où l'on ne peut voyager qu'à pied ou à cheval, en faisant à peine des journées de huit lieues ; par conséquent peu de commerce, nulle industrie, une misère générale. On aurait tort cependant de ne considérer les avantages de cette acquisition que comme un bien très-éloigné ; car quelques obstacles que présentent les défrichemens au courage le plus éprouvé par des travaux pénibles, quelque lents que puissent être les progrès de la culture, telle est l'inépuisable fécondité de cette partie de l'île, telles sont les ressources de ses productions actuelles, qu'elle procurera dès à présent des objets de la plus grande utilité, et qu'elle est susceptible d'une prompte amélioration.

Des hattes et de leurs avantages.

Si les cultures y sont extrêmement rares, elles sont remplacées dans presque toute la colonie par des établissemens connus sous le nom de *hattes.*

D

Ce sont des espèces de haras destinés à la propagation et à l'éducation des animaux. Comme cette contrée abonde en bœufs, chevaux, moutons, etc. qui, après y avoir été apportés d'Europe, s'y sont multipliés d'une manière extraordinaire, les Espagnols avaient tourné toutes leurs vues vers cette seule branche d'industrie, avec laquelle ils fournissaient la partie française de bestiaux dont elle faisait une immense consommation. On a souvent eu à regretter dans notre colonie l'existence de pareils établissemens, qui l'auraient affranchie alors de la dépendance où la la tenaient des étrangers, au moins sous ce rapport. L'augmentation de la population dans cette partie de l'île, en livrant aux travaux de la culture tous les terrains qui en étaient susceptibles, n'aurait pas dû faire négliger ceux où il n'y avait point d'exploitations, et qui auraient été propres à ce genre d'industrie. Il est vrai qu'aujourd'hui les relations qui s'établiront entre les deux parties, et qui seront aussi libres qu'elles étaient gênées autrefois, rendront plus abondante encore cette source de richesses si nécessaire aux campagnes, et contribueront à l'accroissement des cultures de la partie espagnole.

Les hattes doivent donc, sous le rapport de leur utilité générale pour cette grande colonie, attirer les soins particuliers du gouvernement. Des réglemens bien combinés, en ouvrant des débouchés faciles à leurs produits, en favoriseraient l'augmentation, et cette partie de Saint-Domingue pourrait, dans peu d'années, approvisionner toutes les Antilles des nombreux bestiaux qui s'y consomment. Ces établissemens, en raison du manque de population, contiennent en général un espace disproportionné avec l'usage qu'ils en font ; il en est qui occupent plusieurs lieues, pour n'avoir que quatre ou cinq cents têtes de bétail et quelquefois moins. Il est souvent très-difficile de rassembler les troupeaux et de leur donner les soins qu'ils exigent ; plusieurs de ces animaux deviennent tout - à - fait sauvages, et ne peuvent plus alors être regardés comme des moyens de productions. Ainsi, des cultures graduelles qui resserreraient les hattes dans des limites plus raisonnables, bien loin de nuire à leurs produits, tendraient encore à les améliorer.

Les habitans, qu'on nommait hattiers, s'occupaient principalement de l'éducation des chevaux et des bêtes à cornes. Quelques cantons jouissent d'un avantage, celui de conserver une race de chevaux qui n'ont pour ainsi dire pas dégénéré de ceux qu'on estime le plus en Espagne. Les mulets, dont le besoin est si général dans la partie française de l'île, et que l'autre partie voisine avait tant de moyens de lui fournir, étaient tous tirés des autres colonies espagnoles. Le nombre des importations qui s'en faisait annuellement se montait à cinq mille, qui, à raison de 500 fr. par tête, étaient pour l'industrie étrangère un tribut de 2,500,000 fr. Les colons de la partie orientale pourront d'autant plus aisément s'emparer de cette branche de commerce, que leurs mulets auront toujours la préférence sur ceux qui ne peuvent arriver dans la colonie que très-fatigués d'un voyage de mer long et pénible. En réunissant cet approvisionnement des mulets à celui qu'ils font déjà des bêtes à cornes et des chevaux, et qui s'élevait par an à trois millions de livres, ces deux articles feraient un produit de cinq millions 500,000 fr. pour la nouvelle colonie avec l'ancienne, et son commerce avec elle ne se bornerait pas seulement à ces deux objets. Elle pourrait lui en fournir plusieurs autres, et notamment tous les bois qui sont devenus rares dans la partie française, et qui lui sont apportés par les Américains du nord.

Des moyens d'encourager la culture.

Les progrès de la culture, comme je l'ai dit, suivront nécessairement ceux de la population. Le tabac, l'indigo, le cacao, toutes les productions qui n'exigent pas de grandes forces, occuperont dans les premiers tems les cultivateurs, et ameneront successivement par le développement des moyens la culture du sucre. Dans plusieurs cantons le blé et toutes les autres plantes graminées de ce genre réussiraient très-bien (1). Cette culture, comme toutes celles où la charrue peut être employée, serait facile, et son produit aurait un débouché certain dans l'ancienne colonie et dans toutes les Antilles. La France, qui souvent se trouve dans l'impossibilité d'approvisionner de farine ses possessions coloniales, ne serait plus forcée d'ouvrir leurs ports aux vaisseaux de l'Amérique septentrionale, et rien ne serait plus favorable à l'amélioration de toutes nos îles, que les relations qui s'établiraient ainsi entr'elles et la partie espagnole de Saint-Domingue. Il est certain que cette nouvelle colonie, avec une population proportionnellement bien moins considérable que celle de nos autres îles, pourrait, au moyen d'une industrie qui

----

(1) J'ai semé du blé à Saint-Domingue, il a fort bien réussi. On voit dans l'ouvrage du citoyen Moreau de Saint-Méry, qu'il a eu le même succès dans la vallée de Constance, située dans le nord de la partie espagnole.

leur serait étrangère , et par un travail plus facile , leur offrir à toutes de grandes ressources (1). Mais la France n'en est pas moins intéressée à accroître la population ; car c'est de cet accroissement que dépendent les progrès de la nouvelle colonie et les avantages du commerce de la métropole avec elle.

De la traite et des modifications qui la rendraient bienfaisante.

Parmi les moyens d'augmenter cette population , j'oserai en indiquer un , que je regarde comme le plus efficace , et qui , fondé sur les bases que je vais proposer , ne serait contraire ni à la justice ni à l'humanité. Ce moyen , c'est la traite , pratiquée par tous les peuples de l'Europe , et à laquelle la France n'a aucune raison de renoncer. Je prévois que le seul mot de traite des nègres va réveiller les sentimens pénibles que ce commerce a excités ; mais en morale comme en politique , c'est sur des

---

(1) Un terrain de cent carreaux de superficie ou de trois cents arpens environ , établi en sucrerie , exige pour son exploitation cent cinquante ouvriers , cent mulets et vingt bêtes à cornes ; le même terrain mis en culture de blé , serait exploité facilement avec dix hommes et vingt bœufs , et son revenu serait proportionnellement plus considérable.

résultats, et non sur des préventions ou des hy-
pothèses, qu'il convient d'asseoir son jugement.
Quand on comparera le sort qui est désormais réservé dans nos colonies aux malheureux habitans
de la côte d'Afrique, avec celui qui les attendait
dans leur pays ou dans les colonies étrangères ;
quand on verra d'un côté, un état continuel de
guerre et un esclavage éternel, et de l'autre un
prompt acheminement à la civilisation et à la liberté, la philantropie la plus éclairée, bien loin
de s'effaroucher de cette mesure, se félicitera au
contraire du changement heureux qu'elle peut ame-
ner dans la destinée d'une classe nombreuse, et la
traite lui présentera tout à la fois des rapports d'utilité générale et des idées de consolation et de bien-
faisance.

Je suppose que les nègres ne puissent être importés dans nos colonies, à cause des frais de leur
transmigration, qu'à raison de 2600 fr. par tête,
ce qui était le prix le plus cher autrefois, il est
facile de prouver qu'au bout de sept ans ils auraient, par leurs travaux, indemnisé les cultivateurs
de toutes leurs avances. On peut estimer à 800 fr.
par an le produit du travail d'un nègre, les frais
de sa nourriture et de son entretien prélevés. Il
aurait donc rapporté au bout de sept ans 5600 fr. ;
en admettant que dans ces sept années on perdît le

tiers de ces nègres nouvellement importés, le produit de chacun se trouverait réduit à 3734 fr.,
somme plus que suffisante encore pour assurer au
propriétaire dédommagement et bénéfice.

Si on objectait que les nègres ne rendront que
fort peu de services dans les premiers momens,
je répondrai qu'il est vraisemblable que le colon
obtiendra du commerce le même crédit qu'il trouvait autrefois, et qu'il n'aura de déboursés à faire
qu'aux termes de dix-huit mois et de trois ans. Je
suis de plus fondé à croire qu'on ne perdra pas le
tiers des nègres pendant les sept années qui suivront leur importation. L'espérance d'une liberté
prochaine dont ils auront l'exemple sous les yeux
soutiendra leur courage, et fera peu à peu dispa-
raître une des principales causes de mortalité qui
agissait sur eux. Comme le prix de l'engagement
de ces nouveaux sujets sera proportionné à leur âge
et à leurs moyens de travail, ceux qui produiront
moins, auront aussi coûté de moins grandes avances; par conséquent on peut donc fixer généralement pour tous à sept années le terme de leur
engagement.

Ce terme atteint, les nègres seront à portée,
par les progrès qu'ils auront faits dans la civilisation, d'apprécier les avantages de leur nouvel état.
Ils auront toujours besoin de travail, et ils en au-

ront contracté l'heureuse habitude. Attachés à leurs patrons seulement par les liens de la reconnaissance, ils la mesureront sur les bons traitemens qu'ils auront reçus d'eux pendant la durée de leur service, et ils seront naturellement disposés à les servir encore. Quiconque a eu l'occasion de connaître le caractère des nègres, sait à quel point ils s'attachent aux habitudes du sol sur lequel ils se sont trouvés heureux. Une mutation de quelques lieues faisait éprouver autrefois autant de risques et de difficultés que le voyage de la côte d'Afrique : il est donc probable que ceux-ci resteront par inclination, à la fin de leur engagement, sur les habitations de leurs premiers maîtres ; mais comme cette disposition de leur part dépendra de la conduite et des procédés de ces derniers envers eux, il sera juste de leur laisser toute liberté à cet égard.

On doit être convaincu que nos colonies ne seront jamais peuplées utilement que par des ouvriers nègres : il est superflu de répéter ici que les Européens ne peuvent résister, sous ce climat dévorant, aux travaux de la culture et des grandes exploitations ; et la triste expérience que l'on a faite à Cayenne, repoussera sans doute l'idée de nouvelles tentatives de ce genre. Si donc, comme il est évident, l'intérêt de la France est d'avoir des colonies ; si son commerce, sa marine, ses besoins lui en imposent la loi, elle doit tendre sans cesse à en accroître la population et la prospérité ; elle ne pourra y parvenir qu'en suivant le système que je propose. En assurant qu'il produira ces heureux effets sur le sort des Africains, sur la destinée de la nouvelle colonie, je ne crains d'être démenti ni par ceux qui connaissent Saint-Domingue et l'Afrique, ni par les Africains eux-mêmes.

Mais on me dira peut-être : De quel droit achetez-vous un esclave ? Vous n'avez pas plus celui d'acheter un homme, qu'on n'en avait de vous le vendre. C'est le trafic que vous faites qui perpétue cet infâme usage ; car s'il ne se trouvait pas d'acheteurs, il n'existerait pas de vendeur.

Je crois pouvoir répondre : J'achète un esclave que je dois rendre libre ; si je ne l'achetais pas, un autre l'acheterait, et il mourrait esclave. Les autres puissances n'ont pas renoncé à la traite : il est heureux pour plusieurs Africains qu'elle se continue ; car s'il ne se présentait pas d'acheteurs, ce nègre, qui, s'il tombe entre mes mains, deviendra libre et connaîtra les douceurs de la vie sociale, serait dévoré par un vainqueur farouche ou passerait ses jours dans un affreux esclavage.

Ce qui distinguait particuliérement nos colonies et leur donnait un grand avantage sur celles de plusieurs autres peuples, était précisément l'espèce de population qui y était établie. La France, en les fondant avec des hommes étrangers à son sol, n'avait éprouvé aucune diminution sensible dans sa population nationale. Les colonies de l'Espagne et du Portugal ont été au contraire une cause d'é-puisement pour ces deux puissances, parce qu'elles ont été peuplées en grande partie par des natio-naux. Mais les avantages que nos colonies nous procuraient sous ce point de vue, n'ont peut-être jamais été justement appréciés. Quand les Africains de nos îles étaient soumis à l'esclavage, tous les écrivains qui se sont occupés des colonies, se sont élevés avec indignation contre un système si con-traire aux droits de la nature. Ils ont plaidé cette belle cause avec tout l'enthousiasme qu'elle devait inspirer ; c'est principalement contre la traite (1)

____

(1) On lit dans le premier volume de la *Correspondance littéraire* publiée par le citoyen Laharpe, page 22, cette phrase bien remarquable au sujet de l'abbé Raynal : « *Il augmenta ses revenus par un bénéfice sur les* » *vaisseaux négriers, au moment où il s'élevait avec tant* » *de force contre la traite des nègres dans son Histoire des* » *deux Indes.* Si cette allégation est vraie, il faut con-venir qu'une éloquence qui part d'un cœur si bien pénétré, mérite un grand respect, et que la sensibilité de ces écrivains doit en effet servir de règle pour l'ad-ministration des affaires et la conduite des États !....

qu'ils ont déployé toute leur éloquence. Mais dans cet élan de générosité, ils n'ont pas eu la sagesse de prévoir que cette mesure à laquelle nos colonies devaient leur existence, pouvait devenir, en l'établissant sur des principes plus justes, un moyen de faire cesser l'esclavage, et de peupler les colonies d'une race nouvelle et libre. Au tems où la tribune publique retentissait de ces paroles fatales proférées par un orateur trop fameux : *Périssent les colonies plutôt qu'un principe*, les maximes que je viens d'avancer auraient paru des blasphèmes dignes de mort : aujourd'hui que la raison et les lumières remplacent dans le gouvernement les fureurs et les déclamations, on ne verra dans mes idées que l'amour de mon pays, un zèle véritable pour ses intérêts et sa gloire, dirigés d'ailleurs par le respect pour les lois de la justice et par le desir bien entendu d'améliorer le sort d'une portion de l'humanité.

Cette mesure est encore conforme aux vues de la plus saine politique. Par elle, la France assurera d'autant mieux sa domination sur les îles. Ce n'est pas que je croie que nos colonies puissent jamais, par rapport à leurs productions, prétendre à l'indépendance. J'ai indiqué plus haut les raisons qui mettent pour les îles cette prétention au rang des chimères : l'exemple des États-Unis ne prouve rien en faveur des premières, et un mouvement qui aurait cet affranchissement pour objet, n'aboutirait qu'à les faire passer sous une domination étrangère. C'est à prévenir un événement aussi funeste des deux côtés, que la France doit apporter tous ses soins : elle a d'ailleurs tous les moyens de leur faire aimer son autorité, en la leur rendant préférable à toute autre. Les nègres, devenus libres, serviront à maintenir et à resserrer ces nœuds d'une utilité réciproque. Il se formera parmi eux un esprit public favorable à l'autorité de la métropole, qu'ils n'auront sentie que par son influence tutélaire et bienfaisante. Les liens les plus forts qui unissent un peuple à un autre peuple, ne sont pas ceux que la puissance ou la contrainte peut établir : les habitudes que font naître des relations longues et continuelles, les mêmes besoins, le même langage, les attachent d'une manière bien plus solide ; et quand la reconnaissance d'un peuple heureux se joint à de pareils liens, on peut être assuré qu'ils ne seront pas faciles à rompre.

De la baie de Samana, et de son utilité pour la marine.

Ce n'est pas seulement sous les rapports de culture et de commerce que la possession de la totalité

de Saint-Domingue est si précieuse à la France ;
elle promet encore à sa marine des avantages certains, dès à présent, et doit à l'avenir en favoriser
l'accroissement. Parmi les ports nouveaux que les
côtes de cette île présentent aux escadres françaises,
et qui peuvent leur être utiles en tems de guerre,
on distingue particuliérement la baie de Samana,
dont la position se trouve au vent de toute l'île.
Cette baie, formée par un enfoncement de près
de vingt lieues de profondeur et de sept de lar-
gueur, a, dans sa partie septentrionale, plusieurs
ports ou rades, où des flottes nombreuses seraient
à l'abri de tous les vents, et où les plus forts vaisseaux pourraient s'amarrer et s'abattre à terre. Son
entrée est fermée par une chaîne de rochers qui ne
laisse aux grands bâtimens qu'un seul passage dans
le nord, et qui contribue encore à la sûreté de la
baie. Toutes les productions de l'île, et particuliérement celles des environs de Samana, invitent
à y élever des chantiers de constructions navales
qui bientôt rivaliseraient avec ceux de la Havane.
Pour achever de donner une idée de cette intéres-
sante position, je ne puis mieux faire que de rap-
porter une partie de la description qu'en a faite le
citoyen Moreau de Saint-Méry. « La baie de Sa-
» mana, dit-il, pourrait servir à l'établissement
» d'un arsenal, à placer des chantiers de cons-

» tructions et une fonderie de canons, parce que
» la rivière d'Yuna , la plus considérable et la plus
» rapide de l'île , rendue navigable pendant plus
» de treize lieues pour les bateaux plats ou acons,
» afin de transporter les tabacs recueillis à Saint-
» Yague, la Véga et le Cotui , peut servir égale-
» ment à conduire les bois dont tous les environs
» sont garnis. La rivière Camu et plusieurs autres
» qui se jettent dans l'Yuna , augmenteraient la
» facilité des charrois. Toutes leurs rives offrent
» des acajoux , des sabliniers , des cèdres , des
» chênes robles, des pins et d'autres arbres égale-
» ment beaux et utiles , qui seraient employés à
» la construction de flottes entières. Des mines
» de fer , de cuivre et d'étain très - voisines ,
» attendent aussi une destination maritime qui
» semblerait devoir être le partage glorieux de
» cette superbe baie. »

De si grands avantages ont été de tout tems
justement appréciés par tous les marins qui ont
été à portée de connaître la richesse de cette possession. Les Français , dans le premier âge de
leur colonie, ont fait de grands efforts pour se
maintenir dans la baie de Samana ; mais se
trouvant trop éloignés des autres établissemens
de leur nation , ils se sont vus forcés de l'aban-
donner. M. d'Estaing , comme marin et comme

gouverneur de Saint-Domingue, pouvait mieux qu'un autre juger de son utilité pour la marine ; et dans les derniers momens de sa vie, où il aimait encore à s'entretenir des moyens de gloire et de prospérité de la France, je l'ai entendu plusieurs fois parler de la baie de Samana.

Nos constructions navales, qui sont déjà supérieures à celles des autres peuples de l'Europe, acquerraient, par l'emploi des matériaux précieux que nous offre Saint-Domingue, un degré de perfection qu'aucune nation ne pourrait jamais atteindre. Le cèdre, l'acajou et plusieurs autres espèces de bois réunissent à la légéreté desirable dans les constructions, des qualités qui leur ont fait donner dans le pays le nom de bois incorruptibles ; et ils le méritent, car ils peuvent résister pendant des siècles aux différentes impressions de l'air et de l'eau. Enfin si, comme on l'assure, il se trouve dans les environs de la baie de Samana des mines de fer et de cuivre capables de favoriser l'établissement de forges et d'une fonderie, les chantiers qui y seraient formés, auraient aussi une grande supériorité sur ceux des Espagnols de la Havane, parce que nous n'aurions à y faire passer d'Europe que des cordages et des bois de mâture. On instruirait en peu d'années des Africains aux divers métiers des constructions ; comme ils ont en général

néral beaucoup de dispositions pour les arts méca-
niques, on aurait bientôt parmi eux de bons char-
pentiers de vaisseaux.

Toutes les productions dont le sol de Saint-
Domingue est susceptible et qui doivent entrer
dans la confection des vaisseaux, ne sont pas encore bien connues. Il est probable que le chanvre
réussirait parfaitement dans plusieurs cantons de
l'île, et d'ailleurs une plante naturelle au pays,
que je désignerai sous le nom de *pitre* qu'on lui
donne, pourrait le remplacer avec succès (1).

Du nouvel emploi de nos forces maritimes.

Il me reste à considérer l'île de Saint-Domingue
sous un autre point de vue politique non moins
intéressant, et à faire connaître les changemens

─────────

(1) Cette plante, à laquelle mon ignorance en bota-
nique ne me permet pas de donner le nom qui lui est
propre, n'est pas la même que celle qui est connue
sous le même nom dans l'Inde, et dont on fabrique
toutes les manœuvres courantes et les cables. La première procure un chanvre beaucoup plus fin et susceptible d'un travail plus serré : elle croît au pied des
montagnes, et a huit à neuf pieds de hauteur. Les
nègres se servent de son chanvre pour filer des mèches
à leurs fouets.

E

qu'elle peut produire dans l'emploi de nos forces maritimes. Il existe entre une colonie et la marine un rapport tellement intime, qu'on ne peut se dissimuler que la supériorité de cette dernière doit disposer des propriétés coloniales. Ainsi, malgré les avantages que les colonies procurent à leurs métropoles, ou plutôt à raison de ces avantages mêmes, elles peuvent devenir le sujet des plus vives inquiétudes et quelquefois occasionner de grands sacrifices. Dans les guerres qui menacent la sûreté de ces possessions, les secours qu'elles réclament tendent à diviser les forces de la mère-patrie, et sont souvent pour elle une cause de faiblesse. C'est surtout à la protection de ses escadres que la France a toujours été obligée de confier la défense de ses îles, et cette obligation l'a mise dans le cas de ne faire qu'une guerre défensive, toutes les fois qu'elle n'a pas eu en mer la prépondérance sur ses rivaux. Une armée maritime victorieuse trouvait en général peu d'obstacles à la conquête des îles. Les privations auxquelles elles étaient soumises dans une guerre malheureuse, le peu de moyens qu'elles avaient de se défendre, et qui se réduisaient ordinairement à des garnisons plus ou moins faibles, les laissaient passer aisément sous une domination étrangère. Je sais que l'on peut citer des exemples de dévoûment de la part de leurs habitans, et que, dans plusieurs guerres, quelques-unes de nos colonies ont fait des efforts incroyables et ont préféré des souffrances longues mais glorieuses, au soulagement et à la tranquillité que leur offrait le joug de l'ennemi. Mais, quand on réfléchit sur la nature de nos colonies, sur leur population, sur les causes qui assurent leur existence, sur les élémens de leur prospérité, il est facile de se convaincre que ces exemples de courage et d'attachement ne pouvaient pas être fort communs.

Ils le deviendraient davantage si nos colonies pouvaient se défendre elles-mêmes; si elles trouvaient au besoin, dans leur population, un rempart naturel, une protection puissante : alors elles n'exigeraient plus que le secours des convois pour assurer leurs communications avec la métropole; alors la France, n'ayant plus en tems de guerre, d'inquiétude sur leur sort, aurait la disposition de toutes ses forces pour attaquer les possessions de ses ennemis sur plusieurs points à la fois; elle prendrait constamment l'offensive dans les guerres maritimes, et toutes les chances lui seraient bien plus favorables.

Tel est l'avenir que, d'après le nouveau système colonial, la possession de Saint-Domingue présage à la France. Par sa nombreuse population devenue libre , et avec les troupes européennes qu'il conviendra d'y laisser en tout tems , la colonie sera constamment en mesure de repousser les attaques que l'ennemi voudra diriger contre elle. Les habitans , si la nécessité le demande , deviendront autant de soldats qui rivaliseront de courage avec les troupes nationales pour la défense de l'île. Les productions de son sol , en les mettant à l'abri des privations , augmenteront encore ses ressources ; les relations qu'elle formera avec les îles du Vent , qu'elle pourra approvisionner dans tous les tems , donneront à ces dernières un point d'appui qui sera leur sauve-garde ; en un mot , Saint-Domingue , par les moyens d'attaque et de défense qu'il possède , est destiné à devenir la forteresse des Antilles. Quoique situé sous le vent de nos autres possessions , ses communications avec elles seraient faciles et promptes. Celles-ci pourraient en trois jours y demander des secours , et en partant de Samana , qui serait le centre de toutes les forces de la colonie , on ne mettrait communément pas plus de dix jours pour remonter au vent de toutes les îles.

Je ne m'étendrai pas davantage sur cet article ; c'est au gouvernement à juger de sa position à Saint-Domingue , par rapport aux colonies de nos ennemis. Il y aurait peut-être autant d'impru-

dence que d'indiscrétion à se permettre des développemens qui pourraient divulguer ses ressources
à cet égard, et faire deviner ses projets. Mais de
toutes les mesures conservatrices de cette colonie,
une des plus importantes, une des plus indispen-
sables, est sans contredit l'autorité d'un chef dont
la réputation en impose à l'ennemi, et lui annonce
d'avance que tous ses efforts seront inutiles ; qui
ait assez de talens et d'expérience pour opposer à
toutes les attaques la résistance la plus habile et
la plus sûre ; qui mette toute sa gloire à justifier
la confiance de sa patrie, toute son énergie à ani-
mer les colons par son exemple : à ces qualités
guerrières, s'il réunit des vertus plus douces pour
les tems de paix, s'il connaît les moyens de ga-
gner les hommes pour mieux les gouverner, s'il
n'use de l'ascendant qu'il aura su prendre sur les
esprits, que pour les conduire au bonheur par la
justice de son administration, c'est alors que la
prospérité de la colonie ne sera pas plus douteuse
que sa sûreté : c'est alors que la métropole pourra
s'applaudir de ses soins, et recueillir la récompense de ses sacrifices.

Des impositions établies autrefois à Saint-Domingue.

Parmi les encouragemens qui peuvent faire pros-
pérer les cultures dans les colonies, ceux qui pro-

duiront les plus heureux effets, naîtront de la confiance qu'inspireront une bonne organisation intérieure et un système sagement modéré d'impositions. Sous ce dernier rapport, elles ont toujours
été traitées favorablement par la France. Les anciennes contributions qui y étaient établies, étaient
les plus convenables à la nature de leurs productions et à leur genre de richesses. Si on en
excepte le droit imposé sur chaque tête de nègre,
droit qui se montait communément à 2 liv. 10 s.
et qui était peu onéreux à l'habitant, l'impôt était
généralement fixé sur les produits mêmes. Il était
plus que suffisant pour les frais de l'administration,
et la totalité n'excédait pas le dixième de la valeur des revenus. Cette contribution était com-
posée du droit d'octroi qui se percevait dans la
colonie et s'élevait environ à 5 p $\frac{o}{o}$, et du droit
de domaine d'occident qui se payait en France à
raison de 3 $\frac{1}{2}$ p $\frac{o}{o}$. Ces droits, comme toutes les
impositions qui sont mises sur les marchandises
mêmes, étaient supportés en grande partie par les
consommateurs, et ne pesaient sur les cultivateurs
que d'une maniere indirecte et généralement peu
sensible. Pour peu qu'on ait d'expérience et d'é-
quité, on verra dans ce tribut le fruit légitime
du commerce exclusif de la métropole, genre de
commerce dont les avantages n'ont jamais été ap-

préciés que par un petit nombre d'écrivains, et contre lequel on a débité des déclamations souvent aussi contraires à la raison qu'à la politique.

Un pareil système d'impositions, n'exigeant aucune répartition entre les contribuables, simplifiait encore la marche de l'administration, et n'entraînait après lui ni les inconvéniens ni les injustices attachés à tous les autres. Il serait sans doute naturel de maintenir des dispositions dont les résultats sont connus, et qui ont été justifiées par le succès; mais je m'abstiendrai de toute initiative sur la législation des colonies. Il ne m'appartient pas de devancer à cet égard les idées du gouvernement. Il sait par une expérience récente et douloureuse, combien il est difficile et dangereux d'innover en fait d'organisation politique. Qu'il se rappelle tout ce que le régime colonial, modifié par la révolution, pourrait avoir de bon et d'utile, et dans le bienfait qu'il prépare à nos colonies, qu'il sache répondre à la sagesse de l'article constitutionnel qui l'autorise à les gouverner par des lois spéciales et appropriées à leurs besoins.

CONCLUSION.

Concluons : les colonies, dans le système actuel de l'Europe, étant presque une nécessité pour les puissances, sous le double rapport du commerce et de la marine, il doit être démontré que la France ne peut par aucun motif raisonnable renoncer aux avantages d'une pareille possession. Je crois avoir prouvé qu'elle ne doit pas songer à former des établissemens nouveaux, qui seraient une cause de dépopulation et de sacrifices, sans offrir de véritable dédommagement ; qu'elle doit au contraire s'occuper des moyens de rendre à ses possessions actuelles l'éclat dont la guerre leur a fait perdre une partie, mais dont elles conservent toujours la source ; que c'est surtout l'île de Saint-Domingue qui mérite à cet égard toute la sollicitude et tous les efforts du gouvernement. De l'esquisse rapide que j'ai tracée des ressources qui lui restent encore, il résulte que sa population n'a pas souffert une diminution aussi grande qu'on a pu le croire ; que la liberté des nègres sera favorable à leur propagation, sans être un obstacle à l'activité des travaux et à l'accroissement des cultures, si les colons savent concilier leur propre intérêt avec l'intérêt et le caractère des nègres. En indiquant la manière dont se pourraient calculer les nouveaux salaires à payer aux ouvriers, j'ai pris dans le tableau de deux propriétés personnelles un exemple qui établit pour l'avenir, que si les revenus doivent diminuer à peu près dans le rapport de 5 pour 100, on peut espérer une compensation par une augmentation générale de travail. Cette augmentation dans les produits de la colonie, cet accroissement de sa prospérité reçoivent une nouvelle certitude par l'acquisition de la partie de l'île qui appartenait aux Espagnols. Mais comme cette partie a tout au plus le cinquième de la population de l'ancienne, quoiqu'elle soit deux fois plus grande, je pense, et j'ai osé dire que le seul moyen de la peupler, était de recourir à la traite, modifiée de manière qu'au bout de sept années d'engagement les nègres importés dans cette contrée fussent libres comme leurs voisins. Considérant enfin Saint-Domingue sous le point de vue maritime, j'ai fait remarquer les principaux avantages de la baie de Samana, dont tous les hommes instruits ont toujours apprécié la position et la sûreté. Port superbe, chantier de construction, fonderie de canons, arsenal, tout peut se réunir à Samana, dans quelques années, pour rendre la colonie de Saint-Domingue inattaquable chez elle et formidable aux îles de ses ennemis. Pénétré de cette vérité, que pour exploiter une mine si précieuse il faut une surveillance active mais éclairée, une autorité tutélaire mais ferme, une administration vigoureuse mais juste et sage, je n'ai pas eu la prétention de tracer un plan législatif.

J'offre ces réflexions au gouvernement comme un tribut de mon admiration pour sa gloire et de mon zèle pour tout ce qui peut l'étendre encore en multipliant les sources de la richesse et du bonheur de mon pays.

F I N.